Josué Takotué

UN HOMME D'EXCEPTION SAMUEL MBOU Deuxième Partie

Josué Takotué

UN HOMME D'EXCEPTION SAMUEL MBOU Deuxième Partie

Éditions Muse

Imprint

Cover image: www.ingimage.com

Publisher:
Éditions Muse
is a trademark of
Dodo Books Indian Ocean Ltd., member of the OmniScriptum S.R.L Publishing group
str. A.Russo 15, of. 61, Chisinau-2068, Republic of Moldova Europe
Printed at: see last page
ISBN: 978-620-3-86673-5

UN HOMME D'EXCEPTION

SAMUEL MBOU

* Directeur Général de la CAPLAMI 1970 – 2002(32 ans au service du monde rural)

Deuxième Partie

INTRODUCTION

La CAPLAMI était la mamelle nourricière de toute la MIFI, nous sommes en 1970. Les 17 regrou- pements ou villages vivaient essentiellement grâce à la CAPLAMI : les enfants allaient régulièrement à l'école. Ce qui fait que pendant toute cette période de vaches grasses qui aura duré plusieurs décennies, des générations des cadres du public et même du privé n'auront eu la chance d'arriver où le destin a voulu qu'ils se retrouvent que grâce aux recettes du café, que versaient régulièrement la CAPLAMI à leurs parents.

Les statistiques officielles détenues par l'UCCAO vers les années 1980, indiquent que la CAPLAMI comptait 35 000 adhérents. Lorsqu'on se rend compte qu'un chef de village était considéré
comme un adhérant et que ce même chef pouvait avoir une centaine de femmes et des milliers d'enfants, on convient finalement que la CAPLAMI aurait pu avoir 200 000 à 300 000 personnes qui dépendaient directement d'elle, en ce temps là. La ville de Bafoussam a connu pendant cette période, sa grande prospérité, ainsi que son plus grand rayonnement.

Derrière ce succès individuel, qui deviendra plus tard un succès collectif. Il y avait la vision, la clair-voyance, le dynamisme, la lucidité, la détermination, le discernement, le travail, le génie, l'en- thousiasme et la planification d'un homme : SAMUEL MBOU.

Comment en était-on arrivé là ? Comment cet homme a-t-il réussi à bousculer les mentalités et à créer cette impulsion et cette émulation qui marquera à tout jamais l'histoire de la ville de Ba-foussam, de l'Ouest et même du Cameroun ?

Le café, cette graine verte, laquelle torréfiée faisait les merveilles sur les tables européennes, asia-tiques et américaines.

Une page de l'histoire du café à l'Ouest, avec en prime la transformation politique, sociale, éco- nomique et même culturelle à cause de cette plante dans toute une région.

Qu'il nous soit permit ici de faire allusion à un domaine presque oublié : le rayonnement sportif. Pendant cette période les grands planteurs qui n'étaient autres pour la plus part que les chefs de villages, proposaient et faisaient recruter à la CAPLAMI les joueurs de Football de leur équipe lo- cale. Cet aspect est très important puisqu'elle contribue à l'épanouissement et aux divertissements des populations. Chaque village avait son club de football amateur.

A Bafoussam, beaucoup de joueurs du Racing (club local) passeront par la CAPLAMI, c'est la CA- PLAMI qui leur procurera un revenu pécuniaire.

En ce temps là également, il n'y a pas l'insécurité comme aujourd'hui.

Parce que les populations avaient une occupation et un revenu grâce au café.

En ce temps là tous les enfants allaient à l'école, parce qu'il y avait de quoi leur acheter les four- nitures et payer la scolarité. Ce n'était pas comme aujourd'hui, où ne pas aller à l'école est tout à fait naturel.

Nous savons tous qu'il y a interaction entre le politique, le social, le culturel et l'économique, nous parlerons bien évidemment de l'environnement politico-socio-culturel et économique en ce temps là. Et nous nous attarderons un temps soit peu sur l'histoire de la création de la CAPLAMI et de l'UCCAO.

Bien entendu nous parlerons de bien d'autres choses que nous laisserons le soin aux lecteurs de découvrir par lui-même. Mais ce seront des choses intéressantes qui concernent l'Ouest dans sa diversité, son unicité et sa pluralité.

Avant de commencer, nous tenons à remercier très particulièrement tous ceux et toutes celles qui ont contribué à la réalisation de ce dossier. Ce sont :

- Monsieur MOUAFO Justin, président du NPC BUSH
- Un groupe d'anciens Cadres de l'UCCAO et de la CAPLAMI
- Un groupe des employés de la CAPLAMI en fonction
- Quelques anciens doyens de la ville de Bafoussam.

Quatre évènements majeurs ont marqué le monde, ces quarante dernièresannées. Ce sont par ordre :

- La marche de l'homme sur la lune dans les années soixante dix.
- La chute du mur de Berlin et le vent d'Est au début des années quatre vingt dix.
- De la prison à la présidence de la République Sud Africaine de Nelson MANDELA, toujours audébut des années quatre vingt dix.
- Du premier Noir à la Présidence des Etats-Unis en cette fin d'année 2008. Signalons en passant que ces évènements sont si loin de nous.

A ce moment ultime ou de l'Amérique vers le reste du monde, un vent , nouveau souffle, un ventqu'on pourrait appeler « vent d'Ouest ».

Au moment où le monde vit un jour nouveau, où se mélangent de façon confuse l'incertitude, la pauvreté, les désillusions et quelque notes d'espoir avec notamment les révolutions toujours crois- santes des technologies de l'information et de la Communication, il nous est particulièrement agréable et plaisant de présenter aux yeux du monde et surtout aux yeux de nos enfants quelques personnes qui ont émergé et Dieu seul sait ô combien ils sont peu nombreux. Ce sont ces espèces de braves personnes dont la réussite ne relève ni d'une aide politique encore moins d'une aide lobbyiste; comme cela est si courant à tord ou à raison dans nos Pays.

Ces espèces de personnes sont d'une utilité certaine et primordiale pour nos enfants lesquels sont aujourd'hui en quête de repère et d'identité.

Puisse nos enfants avec l'aide de Dieu s'inspirer de ces abreuvoirs pour s'orienter et se construiredes nouvelles victoires.

Ford le grand constructeur automobile américain disait : « prenez toutes mes usines, prenez tous mes comptes bancaires ; Donnez moi tout simplement les hommes avec qui j'ai réalisé ces usines et je réussirai le même pari ».

Dans ce dossier il sera question de l'odyssée d'un homme : le Directeur Général de la CAPLAMI. Et comme chez nous on est groupe social avant d'être individu. C'est-à-dire groupe social ou col- lectivité avant d'être soi-même, nous parlerons des grands évènements historiques qui ont mar- qué l'Ouest, les Bamilékés et tous ceux qui se trouvaient à l'Ouest en ce temps là.

C'est vrai que nous aurions pu intituler ce dossier : « le jour ou Samuel MBOU était au-dessus de tous à l'Ouest » ou encore : « Le Premier Noir, Directeur Général d'une grande Coopérative au Cameroun ».

Ou enfin : « Le jour où un jeune homme de 31 ans devint le père de toute la MIFI et tout l'Ouest ».

Dans ce qui va suivre, il sera question tour à tour de : l'histoire du café, notamment du Café ara-bica dans la MIFI et à l'Ouest.

Nous parlerons de l'histoire des Bamilékés et nous insisterons sur ce jour où l'Ouest, le Cameroun et le monde avaient les yeux tournés vers ce jeune homme qui remplaçât pour la première fois dans une grande structure : un expatrié ,français de surcroît.

On s'étalera aussi sur l'histoire de l'Ouest.

CHAPITRE I : LE JOUR OÙ SAMUEL MBOU DEVINT DIRECTEUR GENERAL DE LA CAPLAMI

Ce jour là tout le Cameroun ainsi que le monde entier se donna rendez-vous à Bafoussam. C'était évènementiel ou tout simplement extraordinaire. Pour la première fois dans l'histoire du Came- roun indépendant, un blanc partait et un noir prenait sa place. Monsieur BERCEAU français dans l'âme et dans le cœur, Ingénieur de formation laissait son poste à un jeune, presque inconnu al- lait-il réussir ? Tout le monde se posait des questions.

Le lendemain il y avait deux courants : il y avait les blancs qui voulaient que l'opération échoue afin que soit revu le problème de leur indispensabilité. Ils se liguaient pour empêcher qu'il s'en sorte et même sa vie était menacée. Il y avait les noirs qui étaient jaloux de lui et qui auraient voulu occuper ce poste. Il était donc entre le marteau des blancs et l'enclume des noirs jaloux, négativistes et pernicieux avec au passage le volumineux travail qui l'attendait. Avec l'aide de
Dieu et des hommes, tout se passât, Dieu merci très bien. Le fils de papa NZUNDIE ce jour-là, fût la personne la plus grande de l'Ouest : LA CAPLAMI c'était tout de même 17 villages. Tous ces paysans dépendaient de lui. Leur principale source de revenu qui était bien entendu le café dé- pendait de la CAPLAMI et de son Directeur Général. C'est avec cet argent que les parents en- voyaient les enfants à l'école.

En effectuant un calcul simple, de 1970 à 2002, soit pendant 32 ans au moins 1 000 000 d'écoliers à l'Ouest, ont profité des largesses de la CAPLAMI, sans la CAPLAMi ces écoliers, collégiens, uni- versitaires ne seraient rien devenus. Ils sont aujourd'hui des supers cadres, des cadres et autres dans l'administration publique, dans le privé et même lors des frontières du triangle national.

Il y a aussi que la CAPLAMI étant la principale source de revenu, même les soins de santé despopulations dépendaient d'elle.

En tout cas le véritable patron de toute la MIFI, celui qu'on bénissait dans les maisons et dans les chaumières jusqu'à dans les zones les plus reculées étaient en réalité MBOU Samuel, c'était le vrai Roi.

Il était très aimé. Mais aussi il était très honnête. Des dizaines de milliards étaient comme cela certaines années distribuées aux planteurs. De part son audience et sa célébrité, il aurait pu de- venir député ou Maire, mais cela ne lui disait rien, il n'aime pas se disperser et même que le ges- tionnaire avisé a réussi à bien remplacer l'ingénieur expatrié. Et même est allé au-delà, en oeuvrant mieux que ce dernier.

CHAPITRE II : UN GRAND JOUR

« Le jour de l'installation de MBOU Samuel comme Directeur Général de la CAPLAMI, il y avait du monde, venu de partout au Cameroun, certaines personnes étaient là par curiosité, d'autres par admiration, certaines personnes par doute, pour ces derniers : un noir ne pouvait pas réussir à remplacer valablement un blanc.

Heureusement que Samuel MBOU a surpris positivement tout le monde. Il a travaillé avec probité, intégrité, loyalisme et surtout honnêteté.

Le jour de l'installation de MBOU fût le plus grand jour dans l'histoire de la ville de Bafoussam : quatre vingt pour cent des maisons et des immeubles ont été réalisés avec l'argent du café. La ville de Bafoussam a connu en cette période une grande prospérité et un grand rayonnement.

La réussite de la CAPLAMI a fait la réussite de Bafoussam, de l'Ouest et même du Cameroun. Les autres coopératives à l'Ouest et même au Cameroun ne valaient pas la CAPLAMI.

Quand le président AHIDJO a reçu les présidents HOUPHOUET BOIGNY de la Côte d'Ivoire et le président MARIAM GOUABI du Congo. Ce qu'il a montré à ses visiteurs, comme preuve de réussite agricole était la CAPLAMI.

Bafoussam était la troisième ville du Cameroun en politique, en économie, et en recette sportive. Il n'y avait pas les blancs pour nous enseigner l'agriculture, on en n'avait pas besoin.

CHAPITRE III : L'ORIGINE DE LA CULTURE DU CAFE A L'OUEST

Au commencement la culture du Café à l'Ouest se faisait essentiellement dans le Noun. C'était des grandes exploitations qui appartenaient aux expatriés, notamment les Français et les Grecs ; pour cultiver le Café, il fallait qu'on vous donne une autorisation : parce que c'était une nourriture mystique et mythique qui devait nourrir les européens, bref les blancs un peu partout au monde.

Pendant une dizaine d'années on cultivait le café à l'Ouest essentiellement dans le Noun.

On emmenait de force les Bamilékés pour y travailler. C'était l'esclavage puisqu'ils travaillaient gratuitement.

Celui à qui on doit la vulgarisation de la culture du café à l'Ouest est le chef DJOUMESSI Mathias, chef de Dschang : il s'était servi du « Koumze » (sorte de caste secret Bamiléké). Ceci marquait la fin des travaux forcés dans le noun et surtout la libéralisation de la culture du café pour les po- pulations indigènes.

Ceci témoigne à souhait la liesse de la population qui à suivi l'installation de MBOU Samuel comme Directeur Général de la CAPLAMI. C'était une nouvelle indépendance du Cameroun. C'était l'indépendance économique de la MIFI.
Le Jeune Samuel MBOU était le Directeur Général de la CAPLAMI.

Mais il y avait une institution au –dessus de lui : c'était le conseil d'administration. Celle-ci définissait la politique générale de la maison, ainsi que les moyens pour atteindre cet objectif. Tout le monde était satisfait des prouesses du Directeur Général qui allait au-delà des objectifs placés en lui. Les membres du conseil avaient voulu qu'il prenne la direction de l'UCCAO, mais il avait refusé, cela ne l'intéressaitpas. Ceci quelques années plus tard.

CHAPITRE IV : LA CAPLAMI AUJOURD'HUI

Les employés de la CAPLAMI n'ont jamais oublié, celui par qui tout le développement spectacu-laire de la société a vu le jour.

« On dit que cela ne prend qu'une minute pour remarquer une personne spéciale, une heure pour l'apprécier, un jour pour l'aimer, mais qu'on a ensuite besoin de toute une vie pour l'ou-blier ».

« Qu'on nous donne une seule raison pour laquelle notre ancien Directeur Général n'est pas spécial et nous serons édifiés Cette parole est d'un cadre actuel de la CAPLAMI : tout ce que nous sommes aujourd'hui, nous le devons à MBOU Samuel ».

« Est-ce que vous savez que même aujourd'hui, la CAPLAMI est le plus grand employeur de l'Ouest, tout comme la C.D.C (Cameroun Development Cooporation) est le plus grand em- ployeur du Sud-Ouest. »

Sincèrement quand on se rend à la CAPLAMI on est tout simplement émerveillé, l'immeuble de quatre niveaux qui abrite la Direction Générale est l'œuvre de Samuel MBOU. Tous les cinq grands magasins ainsi que le logement du directeur général sont également ses œuvres.

Sur plus d'un hectare, il a pu construire un complexe extraordinaire. Ce qui fait que la CAPLAMI est aujourd'hui, la plus grande coopérative du

Cameroun en investissement immobilier et surtout en organisation interne.

L'organigramme mis sur place, il y a plusieurs années est assez explicite :
« The right man to the right place ».

Voici pour ceux qui ne connaissent pas bien la ville de Bafoussam :
Pour arriver à la CAPLAMI, il faut procéder de la manière suivante : lorsqu'on va du carrefour de la B.E.A.C et du Ministère des finances pour la Subdivision des routes ou encore vers les Bras- series du Cameroun. A peine au bout d'un kilomètre et demi, on aperçoit un immeuble majes- tueux à droite et derrière un certain nombre de grands entrepôts avec des écriteaux CAPLAMI. Au total c'est presque cinq entrepôts. Aussi lorsqu'on prend les escaliers en descendant par un petit passage à cet effet aussi vieux que la CAPLAMI, puisqu'en 1970 nous passions déjà par là on débouche sur la grande cour en plein milieu des entrepôts, derrière le premier entrepôt il y a l'ancienne Direction devenue toute petite face à la mastodonte nouvelle Direction Générale, vieille d'une dizaine d'années avec une architecture aussi et toujours futuriste, resplendissante, mer- veilleuse et majestueuse.

La CAPLAMI (Coopérative des planteurs de la MIFI) comptait au départ et cela pendant une tren- taine d'années, les villages ou regroupement suivant : Bafoussam, Baleng, Bamougoum, Band- joun, Badeng, Bapi, Bayangam, Batoufam, Bangou, Baham, Batié, Bahouang, Bamendjou,

Bameka, Bandrefam, Bangang-Fondji, au total près de 17 villages ou regroupement, la CAPLAMI était leur principale ressource ou source de revenu pour ces différentes populations de près de

200 000 personnes, en comptant parents et enfants le chiffre pouvait être le triple. La CAPLAMI les suivait en aval, en amont et au quotidien à travers certaines actions comme :

- La fourniture des engrais aux planteurs,
- La fourniture des jeunes plantes sélectionnées,
- La fourniture des brouettes, des machettes, et même des tôles pour la construction des logis.
- La fourniture des pulvérisateurs.

Afin de partager aux enfants des planteurs l'esprit coopératif, on leur distribuait régulièrement
les fournitures scolaires notamment les bics, les crayons, les cahiers, les règles et enfin les buvards (ceci permettait d'assécher rapidement les pages de cahier puisqu'en ce temps là, les élèves uti- lisaient dans les écoles les encres et les plumes) Les meilleurs planteurs étaient primés. La CA- PLAMI remettait aux planteurs des pulvérisateurs derniers cris, des tôles, des brouettes et des pousses, afin d'accroître leur production.

CHAPITRE V : POURQUOI LA CAPLAMI ETAIT L'ATTRACTION NATIONALE ET MEME INTERNA-TIONALE ?

Le Président AHMADOU AHIDJO avait fait de la CAPLAMI un instrument de sa fierté personnel. Il s'était rendu plusieurs fois au siège de la CAPLAMI encouragé son Directeur Général ainsi que son personnel.

Plus tard le président AHMADOU AHIDJO viendra deux fois de suite avec le président HOU- PHOUET BOIGNY et une fois avec le président MARIAM GOUABI.

Des années plus tard le président Paul BIYA rendra visite à la CAPLAMI en Compagnie du Prési-dent du Nigéria IBRAHIM BABAGINDA.

Le Secrétaire Général de l'ONU et son épouse en la personne de ZAVIER PEREZ DE CUEILLAR feront eux aussi un séjour à la CAPLAMI.

Fait anecdotique : pendant la même tournée ZAVIER PEREZ DE CUEILLAR sera embrassé au sul- tanat Bamoun par un malade mental, ce dernier prétextant être son camarade de classe, c'est
que au moment ou il salut les populations, ce monsieur couru et vint l'embrasser devant la foule, le sultan, les autorités administratives et la sécurité médusés. Il fut envoyé en Amérique pour voir s'il était vraiment fou. A son retour il déclara que son ami l'avait emmené visiter son pays.

La CAPLAMI avait aussi bénéficié de la visite de tous les clients importants de l'UCCAO (puisque l'UCCAO avait l'exclusivité de la commercialisation de tous les produits des coopératives à l'Ouest, la CAPLAMI comprise)

Lorsqu'ils venaient, leur première visite était à la CAPLAMI, afin de voir comment le café était traité ensuite ils se rendaient à Dschang, Foumban, Bangangté, Bouda et à Bafang.

Ils ne se rendaient jamais dans les exploitations agricoles mais ils s'arrêtaient dans les usines.

Dans le groupe UCCAO tant que la CAPLAMI n'avait pas épuisé ses produits, on ne pouvait vendre d'autres produits. Les graines de café de la CAPLAMI étaient vraiment spéciales.

Qu'est ce qui faisait l'originalité du café de la CAPLAMI ? Ce café était original grâce à son arôme

et surtout, il était traité spécialement. C'est que MBOU Samuel à l'aide des recherches et des visites dans d'autres pays avaient introduit un système révolutionnaire et pratique : « Le Full wash
». Nous reviendrons largement là-dessus dans les pages suivantes. Mais d'emblée, il faut savoir que c'étaient des grands bassins où on laissait le café permanemment en fermentation. Cette station de

traitement ne dépendait pas de la S.N.E.C, comme il fallait en permanence de l'eau ; on ne pouvait courir le risque des aléas de la S.N.E.C.

Il avait été mis sur place un grand forage d'eau qui allait jusqu'à la nappe souterraine.

CHAPITRE VI : L'INTRODUCTION DU PROCEDE REVOLUTIONNAIRE « FULL WASH » A LA CAPLAMI ET AU CAMEROUN PAR SAMUEL MBOU

C'était un système révolutionnaire, fruit de plusieurs années de recherche et des soucis perma- nents de toujours bien faire. C'était aussi le fruit des multiples voyages et surtout d'une nouvelle vision du traitement du café. On consommait abondamment de l'eau. Avec le forage qui avait
été mis sur pied, il n y avait plus de coût de l'eau. Si on devait payer les factures S.N.E.C cela coû- terait une fortune. Le principe est qu'en 48 heures le café qui est récupéré des planteurs directe- ment des champs et en cerise rouge était lavé, séché, dépulpé et livrer directement à l'exportation. Lorsque le paysan faisait ce travail, c'était lent et la fermentation ne répondait pas aux normes voulues et à la fin l'arôme était atténué. C'est afin de résorber ces aléas que le « Full wash » a été mis sur pied. La pénibilité était considérablement réduite chez le paysan. Et son café était acheté au même prix. En tout cas l'usine et le paysan trouvaient chacun son compte.

Ce procédé n'existait qu'à la CAPLAMI. Même l'UCCAO n'avait pas cette station. En tout cas ils ont voulu mettre cela sur pied mais ce projet a échoué. Cette station nécessite beaucoup de tra- vail, on le conçoit avec une station de séchage opérationnel.

L'arabica au Cameroun ne se produit qu'à l'Ouest et au Nord-Ouest.

L'UCCAO commercialise lecafé du Nord-Ouest.

La Banque mondiale à travers le projet de développement rural de l'Ouest, dont le Maître d'œuvre est l'UCCAO avaient envoyé les gens dans plusieurs pays s'imprégner d'autres expériences et Samuel MBOU faisait partie des différentes délégations. C'est la synthèse de ces découvertes, ajouté à cela, ces grandes recherches (lectures et expériences) qui ont conduit à la mise sur pied,de ce « Full wash ».

L'UCCAO a testé l'essaie ailleurs en s'inspirant de la CAPLAMI, mais cela n'a pas marché.

Ce procédé nécessite un grand investissement en machine et aussi en personnel. Le « Full wash »fonctionne 24 H / 24.

Pour produire 300 tonnes, il faut 1200 tonnes de produit brut. Cela exige une mobilisation terrible même si le produit arrivait à minuit, ou à deux heures du matin, il fallait le traiter.

Ceci produisait un gain d'argent, d'énergie et même de sécurité pour le planteur, puisqu'il n'était plus à la merci des bandits des villages. On achetait aux paysans au même prix que le café dé-pulpé et séché.

L'intérêt est que le blanc achetait plus cher, ce qui compensait le coût de revient élevé.

La CAPLAMI avait plus des ristournes que les autres coopératives de l'UCCAO. C'était une ristourne consistante. La CAPLAMI sous l'impulsion de MBOU Samuel s'est battu pour qu'on respecte son avancé sur la qualité.

C'était une belle époque, l'Etat accordait des subventions à travers l'ONCPB (Office Nationale de Commercialisation des Produits de Base). L'Etat devait continuer à intervenir. Une économie ne peut fonctionner sans l'intervention de l'Etat. Il faut que l'Etat nationalise certaines banques. L'agri- culture ne peut pas fonctionner, si l'Etat n'intervient pas. Le cycle agricole est long : lorsqu'on sème aujourd'hui, il faut attendre longtemps pour récolter, surtout en ce qui concerne les produits pé- rennes, comme le café, c'est-à-dire qui produit après un long temps. Et surtout il faut que le plan- teur entretienne le plant. Le plant ne saurait croître ni dans les herbes et encore moins sans engrais. Les coopératives doivent enseigner aux planteurs la diversification des plantes. Les agriculteurs sont subventionnés en Europe, en Asie et en Amérique.

CHAPITRE VII : LA NAISSANCE DE LA CAPLAMI ET DE L'UCCAO (Une contribution de MOUAFO Justin)

« J'étais chargé du suivi des populations. Nous étions des commis d'administration. Il était ques- tion de prendre les réactions des populations, notamment des difficultés en matière de production industrielle, on faisait un rapport aux autorités administratives pour que chacun profite du produit de ses efforts. On était une sorte de journaliste chargé, d'informer les autorités. C'est juste pour vous expliquer à quel point, j'étais impliqué dans le café.

La CAPLAMI a été crée en ma présence en 1965. L'assemblée constitutive avait eu lieu, au foyer de WANKO Moïse : c'était l'unique foyer à Bafoussam, c'était le seul endroit où on pouvait faire une conférence dans la ville.

Les planteurs étaient canalisés par le député Maire CHEDJOU Joseph. (1er Délégué à l'assemblée territoriale du Cameroun au cours des années 1946 – 1951 et Délégué à l'assemblée représen- tative de 1951 à 1957 : c'était le plus grand planteur. La réunion qui avait eu lieu chez WANKO Moïse était la réunion préparatoire.

Une réunion définitive aura lieu cette fois là à la salle de la subdivision qui est aujourd'hui, la salle de réunion de la sous préfecture de Bafoussam Ier. Tout le monde ce jour là a versé sa collecte. Ils ont posé leur doléance à l'administration. Entre autres demandes, il y avait le besoin d'un site pour l'implantation de la jeune coopérative naissante.

L'Administration va immédiatement réagir, le site qui va leur être attribué est le Jardin des élèves de l'école publique. Ce Jardin était un champ de canne à sucre.

C'est sur cet emplacement que se trouve la CAPLAMI encore de nos jours.

L'exemple de la création de la CAPLAMI fera tâche d'huile, c'est ainsi qu'une coopérative verra le jour à Mbouda (pour le compte du Bamboutos, une autre coopérative verra le jour à Foumban pour le compte du département du Noun), (une coopérative verra le jour à Dschang pour le compte du département de la Ménoua), une coopérative verra le jour à Bafang pour le compte

du département du Haut Kam, une coopérative verra le jour à Bangangté pour le compte du dé-partement du Ndé.

Toutes ces coopératives fusionnent en 1968 pour créer une institution plus forte, chargée de les coordonner et surtout de commercialiser leur produit.

A l'endroit exact où se trouve son siège aujourd'hui il y avait la maison des combattants. Le pre- mier directeur de l'UCCAO a pour nom GROUCHY, c'est un Français.

De même que le premier Directeur de la CAPLAMI a pour nom, BERCEAU.

Et comme il fallait « Camerouniser » ou bien africaniser les cadres, FENKAM Christian devient Di-recteur Général de l'UCCAO.

Par la suite Samuel MBOU devient Directeur Général de la CAPLAMI. Mais auparavant il avait as- sumé pendant des années les fonctions de directeur général adjoint.

Il faut être tenace. Les blancs vont tout faire pour justifier que les noirs qu'on a mis à leur place ne valent rien. Ils vont même tenter d'atteindre leur vie. FENKAM Christian va dormir pendant plu- sieurs jours et même plusieurs mois dans les hôtels, il ne dormira jamais dans le même hôtel deux jours de suite.

L'Administrateur qui avait mené de main de maître, cette opération d'africanisation de cadre s'ap- pelait Gilbert ANDZE TSOUNGUI ci-devant Inspecteur Régional pour l'Ouest ; Administrateur Civil principal hors échelle.

MBOU et FENKAM ont comblé toutes les attentes placées en eux et même au-delà.

Il y a eu surtout MBOU Samuel donc l'action a été très déterminante pour le rayonnement et laprospérité de la ville de Bafoussam.

Ce jeune est celui qui aura fait le plus plaisir à tout le monde. Il a émerveillé par son sens orga-nisationnel, plus d'une personne.

On appelait le café, « la nourriture des blancs », le café demandait beaucoup de soins et pour cultiver le café, il fallait être très propre. C'est pour cela qu'il fallait un agrément pour cultiver le
café, j'ai connu le père de MBOU Samuel. Ils étaient ainsi deux notables à avoir été choisis à Balengpour cultiver le café.

L'un des membres fondateur de l'UCCAO en la personne de FENKAM Christian qui deviendra même Directeur Général de l'UCCAO a pesé de tout son poids en collaboration avec l'Inspecteur Régional Gilbert ANDZE TSOUNGUI pour la désignation du jeune MBOU Samuel comme DirecteurGénéral de la CAPLAMI.

Au-delà de son étiquette qu'on connaît FENKAM Christian était un député fédéral, il est mort dans les années 1980, toujours membre fondateur de l'UCCAO, puisqu'il n'a jamais démissionné. Il était un grand prince Bandjoun. Il était un frère consanguin du chef KAMGA Joseph, c'est-à-dire, il était un fils de FOTSO II.

C'était un grand planteur à Bandjoun où il avait des grands espaces et aussi du côté du fleuveNoun notamment du côté de Baleng.

Le chef KAMGA Joseph avait lui aussi, une grande plantation de café à Bandjoun du côté deTsesè.

CHAPITRE VIII

« Le gouvernement avait estimé qu'on ne saurait faire de politique sans économie et d'éco- nomie sans politique. C'est ainsi que le siège de U.C (Union Camerounaise) se trouvait en face du siège de l'U.C.C.A.O. celui sui était patron à l'U.C était aussi le patron à l'U.C.C.A.O. C'est FENKAM Christian qui occupait ces deux fonctions. En tout cas quand il y avait vote ici à Bafoussam, les Bandjoun gagnaient toujours, parce qu'ils étaient les plus nombreux.

Grâce au dynamisme, à l'honnêteté et à la clairvoyance et au travail de Samuel MBOU, plu- sieurs personnalités rendront une visite de travail à la CAPLAMI : il y a eu un prince Saoudien en Compagnie d'une grande délégation venue de son pays ; un ancien Directeur Général de l'UNESCO à la tête d'une importante délégation ; le président Paul BIYA est venu à la CA- PLAMI en compagnie du président BABAGUIDA du Nigéria.

Le président BABAGUIDA est venu aussi en compagnie du président AHMADOU AHIDJO. Le président AHIDJO est venu une première fois visiter la pépinière de Café. C'était une pé- pinière pilote qui avait été mise sur pieds sur la demande du ministre de l'agriculture. Cette pépinière devait servir de modèle pour tout le Cameroun. Les plans étaient expérimentés dans la région qu'on a baptisé par la suite la coopérative.

Il y a eu beaucoup d'autres grandes personnalités internationales qui ont rendu visite à la CAPLAMI. Le livre d'Or de la CAPLAMI fait foi, ainsi que le recueil des photos.

Avant que le président HOUPHOUET BOIGNY ne vienne, il avait envoyé une délégation de plusieurs personnes passées 15 jours à la CAPLAMI et s'imprégner de la haute technicité quiy était mise sur pied.

Par la suite, on a imposé à toutes les grandes coopératives du Cameroun de suivre le modèle de la CAPLAMI en créant leur propre pépinière. »

CHAPITRE IX : QUESTIONS – REPONSES

Question: A qui devez-vous votre nomination comme Directeur Général de la CAPLAMI ?
Réponse: A la camerounisation des cadres ; au conseil d'administration de la CAPLAMI ; au
conseil d'administration de l'UCCAO et surtout de son président FENKAM Christian ; de l'inspecteur Régional de l'Ouest Gilbert ANDZÉ TSOUNGUI ; de mon sérieux ; du fait que j'étais l'homme le mieux indiqué en ce temps là, puisque ayant été Directeur Général adjoint de la CAPLAMI pendant quelques années ; et enfin de mon sens du travail.

Question : ce jour là n'aviez-vous pas eu peur face à la lourde charge qui vous attendait ? Réponse : toutes ces charges ne m'effrayaient pas. J'étais jeune, je travaillais tout naturellement et surtout, il fallait innover, j'avais le soucis de bien faire, il ne fallait surtout pas décevoir toutes

ces personnes qui avaient placé leur confiance en moi, notamment le Président FENKAM Chris- tian, l'Inspecteur Régional Gilbert ANDZE TSOUNGUI et toutes ces autres membres du conseil d'administration. Et surtout que je sortais à la base, d'une famille polygamique et tout le monde sait que lorsqu'on vient d'un tel milieu, on sait se battre et on sait apporter des résultats.

Question: Pourquoi aviez-vous refusé le poste de Directeur Général qui vous avait été proposéà l'UCCAO?
Réponse: j'avais déjà un grand programme à la CAPLAMI, je ne cours pas après les postes,aussi je ne sais pas faire deux choses à la fois.

Question: Quelles sont les montants les plus élevés que vous aviez eu à distribuer aux paysans ?
Réponse: Il y a des moments où on distribuait jusqu'à 4 400 000 000 (quatre milliards quatre cent millions de francs) aux planteurs pour une saison caféière. Si vous voulez savoir ce que cela représente, multiplié par le coefficient de la vitesse monétaire. Lorsqu'on actualise cette somme on se rend compte que c'est tout de même un montant très important.

Question: On dit que les blancs souhaitaient vous voir échouer est-ce vrai ?
Réponse: Oui c'est vrai. Pour les blancs il était question de tout faire, pour montrer que vous ne valez rien, afin qu'on regrette leur période. C'est-à-dire le temps où ils étaient en activité.

Question: Qui était le premier Directeur de la CAPLAMI ainsi que le premier Directeur de l'UCCAO ? Réponse: le premier Directeur de la CAPLAMI était un français, il s'appelait BERCEAU.
Le premier Directeur de l'UCCAO s'appelait GROUCHY.
Pour réussir après eux il fallait être tenace et travailler sans relâche.

Question: Si je devais écrire un livre sur vous, je le bâtirai : LE DESTIN PRESTIGIEUX ET PRODI-GIEUX D'UN HOMME. Qu'en dites-vous ?
Réponse: comme vous voulez ? Quand on a un chapeau sur la tête, on n'a pas besoin de lemontrer, puisque chacun le voit.

Question: Avec votre aimable permission, je vais sauter de coq à l'âne. Dernièrement MOUAFO Justin m'a parlé de beaucoup de choses, entre autres, il m'a dit que ceux qui ont empiété le ter- ritoire du monument WANKO était dans leur droit. Parce que ce terrain était la propriété de la fa-mille Jean NGOUOGUO qu'ils avaient d'ailleurs titrée depuis 1962. Or le Maire TAGNY avait par la force pris une partie de ce terrain pour faire plaisir à son épouse qui était la sœur cadette de Samuel WANKO. Aussi Jean NGOUOGUO était Batoufam tout comme la famille WANKO. Jean NGOUOGUO avait eu ce terrain grâce à la mère du feu chef GOMPE la- quelle serait venue de Batoufam, que pensez-vous de ces allégations ?
Réponse: Je ne savais pas toute cette histoire.

CHAPITRE X : PROPOS DE MOUAFO JUSTIN

« Lorsque Monsieur NZUNDIE fût à un âge assez avancé, c'est-à-dire 100 ans par là, il demanda à me rencontrer et comme on tardait à le faire, il fit un setting devant son domicile et on vint me chercher :

« S'il te plaît dis à ton ami et frère que lorsque je vais mourir qu'il soit mon héritier » et tout naïvement, je me suis rendu au domicile de la maman de Samuel MBOU, je lui ai transmis

la nouvelle, c'est alors qu'elle m'a dit : « mon fils ne souffre de rien, il a tout ce qu'il lui faut,il faut que son père choisisse quelqu'un d'autre. »

Et comme je m'obstinais, elle prit sept grains d'arachide et elle me dit : « Mange ces grains d'ara- chide » je ne comprenais toujours pas. « Quand mon mari sera mort, c'est alors que tu pourras dire cette nouvelle à mon fils promets le moi ».

Lorsque papa NZUNDIE fût mort, je viens dire la nouvelle au moment où plusieurs d'autres per- sonnes avaient été dévolues de la même responsabilité que moi par le défunt.

CHAPITRE XI : L'OUEST AU MOMENT DES INDEPENDANCES

Il y a un peu tout dans un homme : son père, sa mère, ses enfants et son épouse. Il y a également ses oncles et tantes, ses cousins et cousines, sa famille proche et éloignée, sa région d'origine et son pays.

Tous ceux qui sont originaires de l'Ouest ont connu des turmulitudes à un moment donné.

Les Bamilékés ont trop souffert dans ce qu'on appelait les « quiréya » c'est-à-dire l'esclavage dans les plantations du Noun et aussi dans les plantations du moungo. Et surtout dans les travaux for- cés des routes et immeubles.

Cette situation a crée deux genres de Bamilékés, 90 % qui s'entendaient en raison d'un pénible destin commun et 10 % qui ne s'entendaient pas.

Ce qui fait que lorsque l'U.P.C arrive, il trouve une forte adhésion populaire : l'opposition aux co- lons. Il y a deux grandes connotations idéologiques : ceux qui sont avec les blancs c'est-à-dire pour l'exploitation du colonisé par le colon. Et il y a un autre groupe très important à savoir ceux qui sont contre l'exploitation de l'homme noir par l'homme blanc par les sur taxations et les tra- vaux forcés dans les grandes plantations en un mot simple : d'une autre forme d'esclavage.

Ce qui fait qu'à la fin il y a eu une forte opposition entre les gens d'un même bord, qui au départ en raison des liens multiples et multiformes s'entendaient. Et bien évidemment les colons ont ap- puyé ceux qui étaient de leur côté et rejetaient ceux qui étaient contre eux.

Il y a eu aussi un paradoxe historique et impensable : au moment de l'assemblée territoriale, on a pris ceux qui sortaient des petites et grandes chefferies par exemple : le chef KAMGA Joseph de Bandjoun, il y a également CHEDJOU Joseph (prince Batoufam, et KEMAJOU Daniel (chef Bazou).

En tout cas, la ligne politique du colon a accentué les divisions. Et surtout que les colons étaient convaincus que les bamilékés étaient un peuple très attaché à ces traditions et à ces chefferies. Aujourd'hui encore dans nos villages, les bamilékés ne s'entendent pas, à cause des divisions politiques et idéologiques, mais hors de l'Ouest, ils sont très unis.

Une fois que les colons ont réussi à séparer les Bamilékés c'est-à-dire séparer les camps des progressistes contre celui des conservateurs et à la fin mettre les bamilékés dans le même sac, c'est alors qu'ils se sont mis à les maltraiter, torturer, désorienter et briser : ceux qui étaient avec eux et ceux qui étaient contre eux.

Le colonel Français Jean LAMBERTON a dit dans ses mémoires que :

« les Bamilékés sont unepierre dans la chaussure du Cameroun ».

Les colons ont pu ainsi lier toutes les autres tribus du Cameroun contre les Bamilékés seuls.

Le Président AHMADOU AHIDJO dira plus tard que : « les Bamilékés sont forts dans deux do-maines : l'agriculture et le commerce ».

Le processus mis en marche pour les diviser avait réussi.

C'est en raison de ces divisions et surtout de ce mépris que l'U.P.C trouvera un accent grave et un accent aigu pour ne pas dire circonflexe à l'Ouest.

Et au temps le plus fort de la contestation populaire, le Président AHMADOU AHIDJO en visite à l'Ouest lors du congrès extraordinaire de l'U.C (l'Union Camerounaise en 1965) fera le discours suivant :

« Vous les Bamilékés, vous dites que vous ne m'aimez pas. Or vous n'êtes pas tout de même tout le Cameroun. Puisque les autres tribus m'acceptent. Il y a deux tendances qui ont des opinions diverses sur les bamilékés que vous êtes, il y ceux qui pensent que vous avez pris une avance sur les autres composants ethniques et qu'il faut vous bloquer pour permettre aux autres de vous rattraper. Il y a aussi ceux qui pensent qu'il faut vous laisser avancer,
afin que d'autres vous rattrapent, je suis de l'avis du deuxième courant

de pensée.
Le Cameroun a deux grandes familles de producteurs : les Bamilékés et les Nordistes. Les Bamilékés produisent la nourriture et les Nordistes produisent la viande.
(N.B : la ville de Douala consomme chaque jour 500 bœufs, Yaoundé 400 Bœufs, Bafoussam 50 bœufs)
Les Bamilékés et les Nordistes peuvent ensemble faire beaucoup de grandes choses, tout comme on ne saurait préparer la viande sans nourriture et vice-versa.
Vous allez dans les campagnes isolées tuer les grands-pères et les grande-mères ou les or- phelins, les veuves, les invalides et les personnes faibles croyant faire du mal à ma personne. Vous n'avez qu'à aller m'attendre sur le pont de la Sanaga et mon armé va combattre votre armé. Le plus fort survivra. De l'or noir et de l'or vert, je préfère l'or vert. Les réserves pétro- lifères peuvent s'épuiser et même s'épuisent alors que l'agriculture ne finit pas ».

Le processus conçu et élaboré par les colons et plus tard par l'administration était mis en marchepour diviser les bamilékés.

La loi de 1996 sur la protection des minorités est une illustration parfaite de cette détermination. Tout le monde savait au départ que cette loi était prévue uniquement pour protéger les pygmées.

CHAPITRE : XII

« WANKO Samuel était un ingénieur qu on respectait beaucoup. Le chef de subdivision de

Bafoussam dans les années 1955 vendaient les lots à la crié et aux enchères. Il avait vendu le lot de papa WANKO Moïse, jusqu'à la somme de 9000 F CFA (Neuf mille francs). C'était une somme énorme à l'époque. WANKO Samuel s'est battu pour l'annulation de cette vente aux enchères. En précisant que c'est là qu'il est né. Il aimait beaucoup une jeune fille qui était une de nos maîtresses, mais celle-là ne voulait pas l'épouser. C'était une fille Batoufam

et voisine de leur concession. Cette dame aurait pu accepter, mais un prince Bafang vantard, orgueilleux lui damât le pion, la maîtresse épouse ce prince et fit beaucoup d'enfants avec lui. Elle s'appelait Madame NGASSA Lydie.

WANKO Samuel, parce qu'il était un grand ingénieur, il devint un député. Le Président AH-MADOU AHIDJO avait peur de lui.

Les Bamilékés du groupe terroriste n'étaient pas favorables à lui parce que pour eux toute personne qui devait émerger devait passer par eux, sinon il devait mourir.

Il fût assassiné au niveau du péage entre Batoufam et Bangoua. Le chef maquisard qui l'avait poignardé à la tête d'un groupe des rebelles s'appelait SIMO Pierre, c'était un Bayan- gam. Mais auparavant Samuel WANKO avait fait un discours conciliateur : « Je viens vous dire que nous sommes là pour vous défendre et trouver une solution pour notre pays ».

Après qu'on l'a poignardé. Il a pris son pistolet automatique et a laissé plusieurs morts sur le carreau. Avant de succomber lui-même. Le chef de gang en la personne de SIMO Pierre

sera arrêté quelques temps plus tard. Toute une journée les militaires ont tiré sur lui ici même au carrefour maquisard sans que les balles le transpercent. C'est dans la soirée qu'il mordit son petit doigt et demanda qu'on pouvait maintenant le tuer ».

CHAPITRE XIII

Le colonel Français Jean LAMBERTON dira plus tard dans ses mémoires

que les luttes armées ont fait 400 000 morts chez les bamilékés et 190 000 morts chez les Bas-sas.

C'est par avion et à l'aide de Napalm, que beaucoup de personnes vont perdre leur vie. Et des villages entiers seront détruits et leur population décimée.

CHAPITRE XIV: QUESTIONS - REPONSES

Question: Quel était le rôle des chefs traditionnels à la CAPLAMI, étaient-ils membres parce qu'ils devaient pousser leur population à une plus grande production du café ?
Réponse: Les chefs traditionnels étaient des gros planteurs de café, tous avaient des grandes exploitations caféières. C'est pour cela qu'ils étaient membres du conseil d'administration de la CAPLAMI. Ils étaient dans le comité de gestion parce que leur production était énorme. En toutcas ils ne pouvaient pas se substituer aux chefs de poste agricole.

Question: comment avez-vous fait pour réaliser tout cet imposant investissement immobilier àla CAPLAMI ?
Réponse: La construction du siège de la CAPLAMI a duré douze mois. L'entrepreneur qui a gagné le marché devait construire aussi l'immeuble interministériel. C'est pour cela que le prix qu'il nous a donné était très bon.
La construction des cinq grands magasins était échelonnée sur près de vingt ans.
L'ancienne direction est restée un service de caisse, en raison des coffres forts encastrés dans les murs. C'était très lourd et on ne pouvait pas monter les escaliers avec.

Question: Qu'elle entreprise vous fournissait les engrais ?
Réponse : On avait un grand fournisseur à Douala : la SEPCAE (aujourd'hui on l'appelle A.D.E.R)

Question: D'où provenaient les jeunes pépinières ?

Réponse: elles provenaient du côté de la coopérative, c'est-à-dire le fleuve Noun et nous reven- dions aux paysans. C'était des jeunes plants sélectionnés. C'est nous qui avions commencé cette expérience avant que cela ne soit vulgarisé dans tout le pays, nous sommes les pionniers.

Question: La CAPLAMI avait-elle une unité de torréfaction ?

Réponse: On n'a pas mis sur pied une usine de torréfaction. C'est vrai que certains administra- teurs l'ont demandé. Il faut compter sur le café qu'on doit vendre à l'Etat vert et à l'Etat grillé. Il faut au préalable faire une étude minutieuse.

Aujourd'hui nous prenons notre café à l'Etat vert, on se rend à l'UCCAO qui le torréfie pournotre compte.

Et comme nous entrons dans la comptabilité de l'UCCAO, elle n'a pas intérêt à nous facturer cestravaux.

Question: La CAPLAMI n'avait jamais pensé à avoir sa propre plantation ?

Réponse: L'UCCAO nous a demandé de mettre sur pied, notre propre plantation de café. Je me suis opposé à cela. On avait même déjà cherché des espaces.

Une exploitation nécessite beaucoup de temps et a besoin d'une autre comptabilité. Si un Direc- teur s'embarque là dedans, il ne s'en sortira pas. La coopérative de Mbouda a testé une expé- rience du côté du NGOUAYA et cela a échoué, j'avais raison de m'opposer à cette initiative périlleuse.

Je m'étais par le passé rendu plusieurs fois du côté de Foumbot, chez Monsieur vacapoulos.
Il avait une exploitation caféière, une usine de dépulpage, un aire de séchage. Il exportait le café, j'allais régulièrement voir comment il travaillait.
Sur le plan des statuts, ce sont les planteurs qui sont pris en compte. Notre travail consistait aux collectes des produits des planteurs et non autre chose.

Question: pourquoi ne pouvait-on pas cultiver le café Robusta dans la MIFI ?
Réponse: le café arabica est un café de luxe qui ne pousse qu'en altitude là où il y a le froid. Le cacao et le café robusta ne peuvent pousser qu'en bas fond avec la chaleur.

Question: comment avez-vous réussir le « Full Wash ».
Réponse: J'ai copié le schéma dans plusieurs pays d'Afrique de l'Ouest, ainsi que dans beaucoup de livres et j'ai adapté à notre contexte. Le « Full Wash » fonctionnait 24 H / 24.

En tout cas on avait un gain en temps, en énergie, en argent et en sécurité du produit. Le blanc achetait plus cher, ce qui compensait le coût de revient élevé du produit.

En définitive les planteurs nous apportaient le café en cerise rouge et nous le fermentions nous-même.

CHAPITRE XV: LE CHRETIEN

Il y a des Rois qui craignent Dieu et des Rois qui ne craignent pas Dieu. Mais tout le monde sait que les plus grands leaders ou tout simplement les meilleurs leaders sont ceux qui ont la crainte
de Dieu et qui ont Jésus Christ au fond de leur cœur.
Baptisé et confirmé dans sa jeunesse, il sera tour à tour devenu adulte : Chrétien assidu, etconseiller paroissial pendant plusieurs décennies.

Sa propre maman fût pendant longtemps ancienne d'église. Son papa s'est baptisé un peu sur le tard. Tout ceci confirme le chrétien qu'il est resté, à savoir dans la foi, mais surtout dans les actes.

Si on n'a pas une grâce divine, comment pourrait-on assumer toutes ces responsabilités pendanttoutes ces années ?

Le chrétien a une ligne de conduite qui n'est pas celle du non chrétien.

On a toujours dit que les meilleurs dirigeants sont ceux qui croient en Dieu et qui craignent Dieu.

Lorsqu'on a peur de cet œil divin, qui poursuivit Caen au profond de son retranchement, cet œil qui élève et qui rabaisse, cet œil faiseur des rois, l'on ne saurait qu'être plus conséquent dans tout ce qu'on fait et comme Dieu est reconnaissait, il vous fait roi pendant près de cinquante ans comme l'a été le Directeur Général de la CAPLAMI et le Délégué du Gouvernement : Samuel MBOU

CHAPITRE XVI : QUESTIONS – REPONSES

Question: Quelle relation entreteniez-vous avec l'UCCAO ?
Réponse: C'est à l'UCCAO qu'on définissait la politique Générale des coopératives, en ce qui nous concerne, on produisait la bonne qualité, notre produit était soigné et on avait des bons comptes dans notre bilan.

Question: De quelle manière récompensiez vous les meilleurs agriculteurs ?
Réponse: On leur offrait les intrants agricoles à savoir engrais et pesticides, des pulvérisateurs, des pousse-pousse et même des tôles pour se construire.

Question: Pourquoi la CAPLAMI offrait les cahiers, les buvards, les règles, etc aux meilleurs élèves ? Réponse: Pour leur inculper en bas âge l'esprit coopératif. En tout cas c'étaient eux les futurs planteurs.

POST FACE

Albert Ier, Roi des Belges disait : « la première récompense du devoir bienfait, c'est de l'avoir ac-
compli ».

Au bout de cinquante années au service des hommes. Monsieur le Délégué a eu droit il y a quelques jours à une retraite méritée. Pendant toutes les années de direction il n'avait jamais, à proprement parler pris de congé.

Il y a des personnes qui regrettent son époque, il y a beaucoup d'autres qui exultent et manifestentleur joie.

Il faut dire qu'à l'Ouest comme un peu partout d'ailleurs au Cameroun , vous êtes aimés ou craints seulement quand vous commandez : Lorsque vous n'êtes plus aux affaires les gens médisent
de vous et font l'apologie de votre remplaçant.

Lorsqu'on est resté au sommet pendant près d'un demi-siècle, on ne saurait ne pas s'attirer les foudres des gens de divers horizons. Et aujourd'hui encore plus qu'hier, la misère ambiante, gran- dissante et même galopante favorisent cet état de chose.

En tout cas la réfection, la confection des routes incombent au ministère de la ville, aux ministères des travaux publics, avant qu'on n'en vienne aux communautés urbaines et aux Mairies. Encore que ce matin quatre mars 2009 le ministre des travaux publics de la république du Cameroun a déclaré sur les ondes de la CRTV que l'Etat était entrain de privatiser les réfections des routes. No- tamment les routes inter-urbaines. Parce que l'Etat a montré ses limites à cause des clanismes

et autres : chaque opérateur privé qui aurait agréé devant récupérer sur les péages routiers et au bout d'un certain nombre d'années d'exploitation, la gestion de ces routes devant être rétro-

cédé à l'Etat. Ceci démontre les difficultés de l'Etat face aux goudronnages des routes que d'aucunestiment trop aisés.

Autres faits, autres gestes, pendant toutes ces années, beaucoup voyaient le patron et oubliaient le gestionnaire avisé, prudent et réfléchi. Chacun s'attendait à ce qu'il mette la main dans la ca- gnotte et distribue à tout vent. Ce qui était impossible.

Il y a comme cela des souvenirs pathétiques sur lesquels le Délégué aime bien revenir : « quand on était à la CAPLAMI il y a des gens qui apportait cinq sacs de café et demandaient que j'intervienne pour qu'on écrive 30 ou 40 sacs. Je laissais croire que j'avais laissé des instructions à cet effet.

Ils revenaient me voir quelque jours après pour se plaindre qu'on avait payé seulement les cinq sacs alors je disais que je prendrai des sanctions sévères à l'encontre de celui là ou de ceux-là qui n'avaient pas exécuté mes instructions, ce qui était bien sûr infaisable ».

Le principal juge dans la vie reste la conscience. Monsieur le Délégué a une conscience tranquille et il bénéficie aujourd'hui d'un repos bien mérité.

Puisse d'autres personnes se mettre à son école et construire des victoires en utilisant le calme, l'humilité, l'abnégation, la tempérance et le travail.

En attendant certaines personnes se demandent ce qu'il va faire maintenant qu'il n'est plus aux affaires : Ce qui est sûr avec toute l'expérience dont il est pétri, il est à proprement parler une per- sonne ressource incontournable dans la ville, dans la région et même dans son pays.

L'Ouest appartient au monde et de la radioscopie du monde, il apparaît un peu partout sur notre globe que les optimismes renaissent sur les cendres du désespoir, de l'incertitude et de la pau- vreté. L'espoir renaît à ce moment ultime où de l'Amérique vers le reste du monde, un vent nou- veau souffle : Avec le grand bouleversement qui vient d'y avoir lieu et surtout la manière donc le nouveau patron de la maison blanche apprécie les relations bilatérales et multilatérales. Ce qui fait que à défaut de donner à manger à chaque habitant du monde, il souhaite créer tout de même l'espoir parce que c'est la chose qui manque le plus.

Très vivement en cet instant dans notre pays que les attitudes qui sont d'une autre époque dis-paraissent : ce sont la vénalité, les favoritismes, les clientélismes, les népotismes, le tribalisme, le mépris, l'exclusion, la haine. (nous vous épargnons la corruption parce que là c'est une autre af- faire trop de discours ont été faits à ce sujet ces derniers temps).

Le Général de Gaulle disait : « dans les relations entre deux nations, il n' y a pas de place pourles sentiments seul les intérêts comptent ».Or nous savons que, ces intérêts sont tenus par les hommes d'affaires. Quand les chefs d'Etat

Européens voyagent dans le monde ils ont avec eux tout d'abord les hommes d'affaires .

DOSSIER

LA CONCEPTION D'UNE UNITE DE TRAITEMENT DE DECHETS MENAGERS EN VUE DE L'OBTENTION DE L'ENGRAIS ORGANIQUE A LA CAPLAMI

Par SAMUEL MBOU DIRECTEUR GENERAL

Au lendemain de la mise sur pied du « Full Wash » et de la réussite spectaculaire qui s'en est suivie, il fallait continuer à innover et surtout poursuivre la recherche,
d'où la conception d'une usine d'engrais organique.

Ceci était parti d'un constat, dans la MIFI les terres se sont considérablement morcelées en raison de la surnatalité et du découpage héréditaire, conséquence ce sol a été surex- ploité sans que soit envisagé des véritables solutions de rechange.

Or, par le passé, il existait une véritable politique agricole à travers les actions suivantes :

- La rotation régulière des plantes sur le même champ : Ce qui signifie qu'une année, on pouvait semer le maïs d'un côté et de l'autre côté le haricot, pistache, macabo, ...

- La pratique de la jachère : une partie du champ était délimitée par un enclos pour servir à l'élevage de bétails : les bouses de chèvres et de moutons ainsi que le repos du sol de-vant réalimenter la terre.

L'objectif pour le concepteur était de :

• Maintenir ou au mieux accroître la production et la productivité du café de façon quan- titative et qualitative puisque l'arôme du café obtenu devant être plus exquis parce que c'est un produit biologique.

- Réduire l'un des éléments principaux du coût de revient à savoir l'engrais.
- Prendre ainsi son indépendance vis-à-vis du fournisseur par rapport à la fluctuation du coût et aux délais de livraison.
- Permettre aux agriculteurs, d'autres revenus substantiels plus consistants en dehors du café notamment par rapport aux produits vivriers :

- Intensification de la production et de la productivité vivrière.
- Alimentation quantitative, qualitative et saine.
- Accroissement du revenu grâce au surplus vendu sur le marché et surtout grâce au mar- ché international étant donné que les produits « Bio » sont très prisés en ce moment même en Europe. Tout comme en ce temps là, là-bas c'est même un produit de luxe.

Ce projet était le fruit de plusieurs années de recherche à travers les lectures, l'expérienceainsi que des voyages d'imprégnation.

Il faut préciser à toute fin utile qu'un peu partout en Europe et ailleurs, on transforme les ordures ménagères pour en faire de l'engrais organique.

Une fois le projet conçu, il fût confié à une société Suisse-Allemande (c'était une société basée un Suisse, et on dit Suisse-Allemande parce qu'il y a des Suisses qui parlent Fran- çais, d'autres Italiens, d'autres enfin Allemands, c'était une société basée en Suisse). A la fin de leurs études, elles ont déposé leur conclusion.

Dans l'esprit du Directeur Général il fallait donc ramener le prix de l'engrais. Parce que ces engrais coûtaient de plus en plus chers et aussi, il fallait reconstituer le sol déjà très usé.

Le projet sera bloqué malheureusement par certains administrateurs de l'UCCAO qui au-

raient voulu que ce soit un projet UCCAO et non un projet CAPLAMI. C'était une occasion unique de sauver les sols par une reconstitution systématique.
Il faut préciser à toute fin utile que la matière première était les ordures ménagères quisont jusqu'à ce jour, jeter dans la nature.

Le traitement en effet devait être effectué dans des usines, grâce aux machines. On faisait confiance à ces machines suisses puisque la CAPLAMI utilisait déjà les machines suisses comme les dé pulpeuses et autres. Ces machines devaient de façon mécanique triée le plastique, le plomb, le fer, le zinc, bref tout ce qui ne pourrit pas dans le sol afin de produire l'engrais avec le reste.

C'était une expérience unique au Cameroun. Jusqu'à ce jour aucune entreprise n'a encore conçu le projet à l'image de celui-là, parce que c'était un projet à grande échelle.

Le site avait été trouvé du côté de Bamougoum. Le côté opérationnel du projet était bien conçu, la formule de distribution était bien élaborée puisqu'elle devait suivre le circuit tra- ditionnel de distribution d'engrais de la CAPLAMI : à priori tous les clients naturels de la CAPLAMI devaient s'approvisionner comme par le passé.

Il n'était en outre pas nécessaire de tropicaliser ces machines avant leur implantation ef- fective parce que la CAPLAMI utilisait déjà d'autres machines en provenance de la Suisse- Allemande qui s'étaient révélées être assez concluantes jusqu'à ce jour. Les problèmes d'adaptation ne se posaient véritablement pas.

Il n'y avait pas de concurrents réels parce que tous ceux qui se sont essayés dans les dé- chets organiques l'ont fait à petite échelle et surtout de façon manuelle.

Il y avait également une possibilité ultérieure de transformer les ordures des villes voisines comme Dschang, Mbouda, Foumbot, Foumban, Bafang, Bandjoun, Bangangté, etc...

En tout état de cause, initialement la transformation des ordures avait une visée unique reconstituée le sol de la MIFI pour une plus grande productivité, une plus grande diversi- fication et surtout une reconstitution systématique du sol.

Mais auparavant il fallait maîtriser les dépenses d'engrais. Ainsi que son indépendancevis-à-vis du fournisseur d'engrais chimique.

La présentation de la machine était absolument peu compliquée :

- Avant d'arriver à la fabrication industrielle réelle du compost une autre machine devait au préalable procéder au triage des matières qui ne se décomposent pas à savoir :

- Bouteille cassée
- Fer
- Plastique
- Cuivre
- Plomb
- Étain

NB: ces différentes matières devant être des matières premières pour d'autres unités in-dustrielles, basées à Bafoussam ou plus loin.

Mais il faut cependant préciser à toute fin utile que, ces différentes matières sorties et triées de la décharge devant être une fois nettoyées mécaniquement vendues aux entreprises.

On appelle globalement cette opération, le traitement mécanique des ordures ména-gères.

L'évolution spectaculaire de la technologie et surtout du traitement automatique de l'in- formation fait en sorte qu'aucun secteur n'est à la traîne. Un peu partout et dans tous les secteurs d'activités, on est passé en Europe et en Amérique du Nord d'un système d'ex- ploitation analogique et mécanique à un système d'exploitation numérique, ce qui rend plus fluide, plus rapide les résultats escomptés.

ACTUALISATION DU PROJET

même si ce projet n'a pas pu être réalisé, il n'en demeure pas moins vrai qu'il reste encore d'actualité. Nos sols n'ont jamais été autant pauvres et l'urgence d'une assistance de cet ordre est un besoin urgent et crucial.

Encore qu'à défaut de l'Europe et de l'Amérique de Nord, on pourrait facilement avoir ces machines d'autres horizons notamment l'Inde, la Chine, le Brésil, l'Australie, l'Afrique du Sud.

Mais surtout le Japon qui dans le domaine a atteint un niveau de développement expo- nentiel, et de premier ordre ainsi que dans tous les domaines qui se rapportent à la ro- botisation.

Le temps est passé, les années se sont écoulées mais le besoin est resté et cela de lamanière la plus criarde.

Aujourd'hui encore, plus qu'hier il suffira tout simplement d'oser et les sols seront sauvés dans la région Bamiléké.

EXTENSION DU PROJET

ans le circuit des grandes décisions à l'UCCAO de grands bouleversements sont arrivés compromettant du même coup toute possibilité de rendre aujourd'hui effectif ce projet.
Cette opportunité en ce temps là était unique. Le circuit décisionnel de l'UCCAO ne donne plus la possibilité de légiférer sur des propositions d'une aussi grande importance, aussi bien sur le plan financier, qu'humain.

Qu'on le veuille ou non un sol sur utilisé devient fragile, tout comme un muscle qu'on tire beaucoup lâche, c'est-à-dire se tord, rompt ou tout simplement se déchire.

Les études de préfaisabilité et de faisabilité ont été régulièrement payées par chèque à un cabinet d'études.

Ces partenaires Suisse-Allemandes auraient pu rester au Cameroun jusqu'au démarrage effectif de l'usine. Malheureusement on a dû mettre fin à leur contrat et ils sont rentrés.

En réalité on dit produits « Bio » par opposition aux produits génétiquement modifiés.
En effet la sur utilisation des pesticides, des engrais chimiques on finit par rendre les pro-duits consommables d'un tout autre genre.
En principe on conseille de conserver les produits après récolte au moins 7 à 15 jours,avant de consommer.

Il est de plus en plus démontrer que ces produits génétiquement modifiés ont des effets indésirables sur la santé de l'homme et même de l'animal. « Celui qui s'alimente essen- tiellement bio, évite beaucoup de maladies » ne dit-on pas « dis moi de quoi tu te nourrriset je te dirais de quoi tu souffres ».

Aujourd'hui ces ordures du fait de l'intransigeance humaine sont jetées dans la nature, « alors que dans certains pays, on utilise les ordures, pour obtenir le gaz domestique ».

* En définitive ce projet présentait plusieurs avantages dont voici les principaux :
- Accroissement de la production du café.
- Accroissement de la production et de la productivité agricole surtout en matière de pro-duit vivrier.
- Lutte contre la famine, la sous-nutrition, la sous-alimentation et la malnutrition.

- Réduction du chômage (la nouvelle unité de traitement devait avoir besoin d'un personnel qualifié et non qualifié à tous les niveaux de la production à la distribution) ;
- Accroissement du revenu chez le paysan. (l'engrais organique devant coûté moins cher que l'engrais chimique).
- L'Etat devait aussi trouver son compte par le mécanisme des impôts. PRESENTATION DU PRODUIT

Le produit devait être présenté dans des conditionnements de 25 Kilogrammes. Il faut préciser ici que du côté de la Suisse-Allemande cet engrais organique est présenté en brique afin de faciliter le transport et la distribution.

ETAT DE LA CONCURRENCE

Pas de concurrence véritable. On peut même parler de situation Monopolistique.

CONCLUSION

Le non réalisation de ce projet a été un véritable gâchis. C'est vrai que le sujet est d'ac- tualité, mais un projet c'est avant tout, les meneurs. Lorsque les hommes qui l'ont conçu ne sont pas là tout devient compliquer.

ELARGISSEMENT DE L'ANALYSE

Les spécialistes sont d'accord sur le fait qu'une mauvaise suivie des ordures ménagères entraîne la pollution visuelle et olfactive des eaux de surface et des eaux souterraines. Ce qui présente un véritable risque pour la santé des populations et de l'économie locale. En traitant dont les polluants organiques on protège les cours d'eau lesquelles sont un ha- bitacle naturel des poissons et des autres crustacés.

DOSSIER

LA CONCEPTION D'UNE UNITE DE TRAITEMENT DE DECHETS MENAGERS EN VUE DE L'OBTENTION DE L'ENGRAIS ORGANIQUE A LA CAPLAMI

TABLE DES MATIÈRES

Printed by Books on Demand GmbH, Norderstedt / Germany